Frauendienstpflicht

Von

Dr. Kaethe Schirmacher

1918

A. Marcus & E. Webers Verlag (Dr. jur. Albert Ahn) in Bonn

Otto Wigand'sche Buchdruckerei G. m. b. H., Leipzig.

Frauendienstpflicht.

Frauendienstpflicht bedeutet den Pflichtzwang jeder deutschen Frau zur Ausbildung in den Grundlagen von Kochen und Haushalten (Nähen, Flicken, Schneidern), von Kinder- und Krankenpflege; bedeutet ihre straffe Körper- und Charakterschulung.

Ob diese Schulung nötig, darüber braucht man allgemeine Erörterungen nicht mehr anzustellen. Die Frauendienstpflicht ist eine Notwendigkeit, und zwar eine Staatsnotwendigkeit. Das hat der Weltkrieg erwiesen. Die Allgemeinheit der deutschen Frauen muß körperlich, geistig, häuslich geschult sein. Hausfrau und Mutter sein, ist ein Beruf, er fordert berufliche Vorbildung. Er ist, wenn auch nicht der Beruf, so doch der Hauptberuf der Frau. Seine Erfüllung ist das Staatsbürgertum der Frau in einer seiner Hauptformen; er ist die Wehrpflicht der Frau, ihr Friedens- und ihr Kriegsdienst. Zu so grundlegenden Berufs- und Staatsaufgaben muß jede einzelne erzogen werden.

Es handelt sich daher nicht mehr zu wissen, ob die Frauendienstpflicht eingeführt wird, sondern wie.

Die Frage hat Deutschland schon lange vor dem Weltkriege beschäftigt. Ein Sammelwerk, das über die Vorarbeiten, Vorschläge, Pläne unterrichtet, liegt schon vor. Es ist die vom Bund für Frauendienstpflicht[1]) preisgekrönte Schrift von Hohmann und

[1]) Vorsitzende: Frau Direktorin Elisabeth Lange, Breslau, Neudorffstraße 34. Jahresbeitrag 2 Mk.

Reichel: Die Dienstpflicht der deutschen Frau. (Berlin-Zehlendorf 1917, Mathilde Zimmerhaus, Verlagsabteilung.) Es ist ein Nachschlagewerk von großem Wert. Die Verfasser haben u. a. versucht zu ermitteln, wieviel schulentlassene Mädchen alljährlich ihre Dienstpflicht anzutreten hätten, und wieviele Anstalten sie zur Zeit aufnehmen könnten. Beide Fragen sind bislang nur annähernd zu beantworten. Da unser Schulwesen bundesstaatlich geregelt ist, war eine Reichsübersicht der bestehenden Haushaltschulen, landwirtschaftlichen Schulen usw. erstens sehr mühsam, zweitens ganz unvollkommen: teils geben die Ministerien Privatleuten keine Auskunft, teils liegen Übersichten der Privatanstalten nicht vor. Der Bund für Frauendienstpflicht hat daher auf seiner Jahresversammlung 1915 die Errichtung eines Reichsamts für Frauendienstpflicht gefordert, um die nötigen statistischen Vorarbeiten zu bewirken.

Die Zahl der schulentlassenen Mädchen geben die Verfasser auf rund 600 000 an (S. 100/101). Dem liegt die Statistik von 1911 zugrunde. Die Zahl entspricht den heutigen Verhältnissen also nicht mehr, genaue neuere Angaben aber fehlen. Wir sehen in ihr daher nur eine ungefähre Schätzung. Von den etwa 600 000 jedes Jahr aus der Schule entlassenen deutschen Mädchen waren 1911 575 000 Volksschülerinnen; etwa 34 000 kommen aus Mittel-, Bürger- und höheren Schulen. Sie sind also ein sehr kleiner Teil und treten nicht in erste Linie. Die Grundlinien sind auf die Volksschülerinnen zuzupassen, die Schulentlassenen der höheren Anstalten gliedern sich dann ein.

Die 600 000 Schulentlassenen sind Gegenstand der Frauendienstpflicht. Sie sind verschiedenen Alters, verschiedenen Standes, verschiedener Bildung, werden also ihrer Dienstpflicht zu verschiedener Zeit genügen.

Genügen aber müssen sie ihr.

Wann, wo und wie?

Zwischen 14 und 20 Jahren; in staatlichen oder staatlich überwachten Anstalten auf dem Lande; durch Unterricht und praktische Arbeit in den eingangs genannten Fächern, sowie in Garten- und Feldarbeit.

Die Körper- und Charakterbildung stelle ich allem voran. Beiden hat jede Garten-, Feld- und Hausarbeit zu dienen; auch der gesamte Turnunterricht. Als Leitsätze sind nachstehende Anweisungen der militärischen Vorbereitung der Jugendwehr zu betrachten:

> Geschlossen im Zuge marschieren.
>
> Schweigen; jede unnötige Äußerung von Gemütsbewegung unterdrücken.
>
> Gehorchen, sich ein- und unterordnen.
>
> Gegebenem Befehl unweigerlich nachkommen.
>
> Gegebenen Befehl kurz, knapp und klar wiederholen.
>
> Gemachte Beobachtung kurz, knapp und klar wiedergeben.
>
> Keine Aufgabe unvollendet lassen.
>
> Befehlen lernen; Verantwortung tragen.

So bildet man Persönlichkeiten, Charaktere. So erzieht man die weibliche Jugend zur Haltung. Den Mann zwingen Beruf und Militärzeit dazu. Die deutsche Frau in ihrer Allgemeinheit ist niemals dazu erzogen worden. Ein Teil unsrer Kriegsnöte aber beruht einfach auf dem Mangel an Haltung. Ständen wir alle den Zeitforderungen mit Haltung gegenüber, d. h. mit dem Verständnis der fest zusammengebissenen Zähne und dem unverbrüchlichem Entschluß: Wird gemacht — so wäre dem Jammern, Stöhnen und Klagen, dem Grüchte-erfinden und -verbreiten, dem Übertreiben, der Flau- und Miesmacherei der Boden entzogen. Der beherrschte Mensch wird mit allem Schweren und Harten schon durch seine Haltung viel leichter und rascher fertig als der, der sich selber in Mitleid auflöst und sich klagend ergießt. Der beherrschte Mensch ist eine vaterländisch-soziale Kraft, ein Mensch höherer Ordnung, er hat den Frontgeist. Der Unbeherrschte hingegen ist eine vaterländisch-soziale Belastung, Vertreter einer niederen Art, er muß geschleppt werden.

Die deutsche Frau nun muß durchaus auf die höhere Entwicklung gerichtet werden. Die läßt sich erziehen, und sie **muß** erzogen werden. Haltung aber führt zu Pflichterfüllung, und straffe Pflichterfüllung zu Allgemeingefühl. Durch die ganze Frauendienstzeit geht der Gedanke: Dies ist **Landesdienst**, das Land darf von jeder Frau verlangen **und verlangt**, daß sie gesund und kräftig wird für ihre Mutterpflichten, geschult für ihre Hausfrauenpflichten, geübt im Gehorchen und Befehlen für ihre Erzieherpflichten. Schwache, kranke, ungeschulte, unbeherrschte Frauen kann ein so umdrohtes Land wie Deutschland nicht brauchen.

Die Lehrfächer sind die der landwirtschaftlichen Haushaltschule, aber möglichst vereinfacht, ganz auf das Wesentliche an Wissen und auf gründlichstes praktisches Können gestellt.

Daß Kochen und Haushalten Landesdienst, Landesverteidigung, Staatsbürgertum sind, hat der Weltkrieg gelehrt. Nicht nur das Schwert ist eine Waffe, der Kochlöffel ist im „Hungerkrieg" ebenso wichtig. Die fähige Hausfrau erhält den Staat, die unfähige vernichtet ihn. Da die überwiegende Zahl der Schulentlassenen eine nur sehr einfache Bildung besitzt, muß auch der Unterricht der Frauendienstschule ein klarer, einfacher sein; sehr wenig Theorie und diese nur in ganz klarer Form; sie soll völlig begriffen werden, z. B. eine einfache Nahrungsmittellehre, aber so gänzlich verarbeitet, daß sie am Kochherd praktisches Wissen wird. Das praktische Können auf Grund sachlichen Begreifens ist Ziel der Frauendienstpflicht. Was die Mädchen lernen, müssen sie auch beherrschen; dann allein macht es ihnen Freude, und in schwerer, ungewöhnlicher Zeit sind sie dann fähig umzudenken, umzulernen. Nur wer das kann, ist eine gute Hausfrau. Nähen, Flicken, Schneidern und Waschen ist in gleicher Art zu lehren. Desgleichen die Grundzüge von Kinder- und Krankenpflege. Grundlegendes, einfaches Wissen und praktisches Können sind überall das Ziel.

Eine besondere soziale Ausbildung ist in der Frauendienstzeit nicht zu geben, jede Überlastung zu vermeiden. Geht die deutsche Frau durch diesen Landesdienst, so wird sie sozial; so kann sie sozial. Das ist die Hauptsache, und die genügt.

Die Frauendienstzeit ist eine Lernzeit, ist die Vorbildung auf den sozialen Beruf der Hausfrau und Mutter. Diese deutschen Mädchen sind vaterländische und soziale Rekruten, sie lernen und üben. Die Anwendung kommt nachher.

Soziale Fachbildung ist späterer Berufsbildung vorbehalten. Eine Verwendung der ungeschulten Kräfte im sozialen Dienst (Volksküchen, Krankenhäusern, Krippen, Horten usw.) ist ein Irrtum.

Die Mehrzahl der deutschen Mädchen (die sich ja bis zur Heirat ihr Brot verdienen), kann auch nicht später zu irgendeinem weiteren sozialen Dienst unentgeltlich herangezogen werden. Wenn wir sie für die Zeit der Frauendienstpflicht vom Erwerbsleben frei bekommen, so ist das alles, was sich erreichen läßt. Ihren sozialen und Vaterlandsdienst leisten sie ja später als Hausfrauen, Mütter oder im Beruf, den sie mit deutschem Geist ausüben lernen.

Eine Pflicht zu ehrenamtlicher sozialer Tätigkeit kommt nur für die begüterten Frauen in Frage, die berufslos bleiben und daheim als Haustöchter keine ernsten Aufgaben haben. Diese und die beruflich geschulten und bezahlten Frauenkräfte müssen Deutschlands soziale Frauenarbeit bewältigen.

Wieviele Anstalten wären für die 600 000 Schulentlassenen nötig? Teilt man sie in Dienstgruppen von je 25 bis 30 Mädchen, so ergäben sich 20 = 24 000 Gruppen für das ganze Reich. Gruppen, nicht Anstalten. Mehrere Gruppen bildeten wohl zweckmäßig eine Anstalt, ein Jungmädchenheim. Wie hoch oder wie niedrig man die Zahl der Heime ansetze, eine genügende Anzahl solcher Jungmädchenheime ist zur Zeit nicht vorhanden, auch die entsprechende Zahl von Leiterinnen und Lehrkräften nicht. Hier liegt ein großes Frauenarbeitsgebiet der Zukunft.

Die Jungmädchenheime müssen, da sich's um Staatsnotwendigkeit und staatlichen Zwangsdienst handelt, grundsätzlich staatliche Anstalten sein, die Unterhalt und Unterricht kostenfrei bieten.

Ob man die bestehenden Anstalten, die privaten Haushalts-, Koch-, landwirtschaftlichen Haushaltschulen u. a. verstaatlicht oder nicht, ist eine Frage, die jetzt nicht zu entscheiden ist.

Geschieht es nicht (und die meisten jetzigen Besitzer, auch kirchliche, evangelische wie katholische, werden es nicht wünschen), so ist straffe staatliche Aufsicht und Festlegung auf die staatlichen Anforderungen als Mindestmaß notwendig. Die Beibehaltung privater Anstalten wird auch deshalb gewünscht, weil sie, leichter wandlungsfähig, dem Fortschritt die Bahn weisen.

Das Fortbestehen privater Anstalten hat aber auch große Nachteile. Da sie nur zahlende Schülerinnen aufnehmen, werden sie nur von besitzenden Mädchen besucht werden, von denen, die sich für den Pflichtdienst in staatlichen Anstalten als „zu fein“ erachten, oder von ihren Eltern dafür gehalten werden. Es bilden sich also gleich wieder Klassenunterschied und Kastengeist, und die dazugehörige Hochnäsigkeit bleibt bestehen. — Da vielfach Widerstreben gegen straffe Mädchenerziehung besteht und die Privatanstalten von ihrer Kundschaft abhängen, werden sich Weichlichkeit und Halbheit dort leicht wieder Schlupfwinkel suchen, und selbst die strengste Staatsaufsicht kann dem nicht beikommen. Die Entlastung des Staats aber wäre, da es sich ja nur um einen Bruchteil der 34 000 Schulentlassenen höherer Anstalten handelte, sehr gering.

Ausbildung im Hause aber kommt deshalb nicht in Frage, weil zu Hause wohl bestenfalls Kochen und Haushalten gelernt werden können, die straffe Körper- und Charakterbildung durch allgemeine Zucht aber wegfiele, der Standesunterschied und -dünkel bestehen bliebe, der Landesdienst nicht betont würde, Kinder- und Krankenpflege doch außerhalb des Hauses gelernt werden müßten.

Einen Hauptgrund gegen häusliche und private Ausbildung bildet auch die städtische Lage so vieler Privatwohnungen und Privatanstalten. Damit ist uns eben nicht gedient: die Jungmädchen gehören aufs Land.

Ein recht großer Teil der Jungmädchen, die Landkinder, lebt schon auf dem Land. Deshalb bedürfen sie aber nicht minder der Zucht und Bildung der Frauendienstzeit. Jedoch nicht an ihrem Wohnort, nicht in ihrer Heimatgemeinde, sondern in den Jungmädchenheimen eines anderen Landesteils. Die Gesundheit der Landmädchen ist ja meist besser als die der Städterinnen, ihre eigentliche Körperbildung aber meist geringer, da sie keinen

Turnunterricht erhalten. In einklassigen Schulen, wo nur ein Lehrer tätig, fehlt ihrer Charakterbildung der Fraueneinfluß. — In Feld- und Gartenarbeit sind sie den Städterinnen überlegen, werden also von vornherein wertvollere Arbeitskräfte sein; hingegen werden sie in geistiger Beweglichkeit einiger Förderung bedürfen, ein Austausch, der sich durch geeignete Mischung von Land- und Stadtmädchen bewirken läßt. Der größeren Ruhe und Stetigkeit des Landvolks ist aber durchaus der Vorzug zu geben vor dem flatternden Neuheitsstreben des Städters. —

Aber die Belastung des Staats! Eines Staats, der allein an Reichsmehrausgaben 10 und mehr Milliarden jährlich aufzubringen haben wird, falls er einen Frieden ohne Land und Geld schließt. Nun, er darf ihn, auch aus Gründen der Frauendienstpflicht, so nicht schließen. Denn dann ist aller Tage Abend, und wir können uns auf das Ende vorbereiten.

Schließen wir aber einen Frieden mit den nötigen Sicherungen und Entschädigungen, so vermag der Staat die anfängliche Belastung durch das Frauendiestjahr, die später seine Entlastung bedeutet, gut zu tragen. Denn sie ist sehr viel kleiner als man annimmt.

Die staatlichen Jungmädchenheime können sich z. T. selbsterhalten. Das ist keine kühne Behauptung, es ist eine beweisbare Tatsache. In Schlesien ist seit Herbst 1915 der erste praktische Privatversuch mit der Frauendienstpflicht gemacht, er hat diese Erfahrung gezeitigt. — Es handelt sich um das Jungmädchenheim in Raudten.

„Ein Städtchen in Mittelschlesien, ländlich und malerisch gelegen. In Raudten-Süd stieg ich aus, das „Jungmädchenheim" zu besuchen.

„Sie dürfen nicht zu viel erwarten," sagte Fräulein Elisabeth Lange, Vorsitzende des Bundes für Frauendienstpflicht, die aus Breslau herübergekommen, „es ist alles ganz einfach."

Das Heim, eine frühere Samenhandlung, liegt in umfriedetem Raum, dem künftigen Nutzgarten. Die Mädchen waren bei den neuangelegten Gemüsebeeten, selbstgewaschene Wäsche flatterte auf den Leinen. Im großen Schlafsaal des steinernen Baues die zwanzig Betten, je vier Gruppen von fünf, eine, die Führerin, hat die Aufsicht und Verantwortung und wird dafür höher entlohnt. Einfache, eiserne Betten mit Strohsack, hölzerne Waschbänke mit Schüsseln, Krügen und Eimern hat das Gut geliefert, die Mädchen bringen Federbett, Kissen, Bezüge. Ihr Kammzeug lag in allerlei Schachteln, Pappschachteln, Zigarrenkisten usw. Darauf kam es nicht an. Ihr Bett macht jede selbst. Im Winter wird der Saal geheizt. Gegenüber das Zimmerchen der „Hausmutter", einer noch jungen Deutschen aus Odessa, deren Vater, Gärtner vom Fach, auf der Flucht hier Wurzel schlug; seine Witwe, eine gartenkundige Frau, hilft den Heimgarten anlegen. Im hellen Sonnenschein liefen die Mädel, 14- bis 20jährige, meist barfuß umher, pflanzend, gießend, in voller Bewegung. Im Eßsaal zwei lange Wachstuchtische, vier Schränke für Eigentum, der Aufsicht jeder Gruppenführerin unterstellt, und über der Riesenkochkiste, die am Abend die dicke Morgensuppe aufnimmt, eine Laute mit bunten Bändern. Wir nagelten an dem Eichenschild des Heims, das auf völkischem Grunde ruht, freuten uns über den leuchtenden Lupinenstrauß auf der Kaffeetafel und traten dann in die Küche.

Das Heim lehrt Haushalten und Kochen so gut wie Garten- und Landarbeit. Die Gesamtarbeit erhält den Betrieb, der die Mädchen unentgeltlich aufnimmt, bringen sie doch ihre Arbeitskraft, die zum größten Teil dem Rittergut Brodelwitz dient, das sie auch bezahlt. Sind 25 Mädchen im Heim (und bei der Zahl erreicht das Heim schon seine Kosten), so gehen nur 23 nach Brodelwitz, zwei bleiben zu Haus und machen unter Leitung der Hausmutter oder Haushaltlehrerin alle Hausarbeit. Da ist der große Herd mit Backofen, sind Küchentisch, Schränke, alle Küchengeräte, die schwarze Lehrtafel, die Vorratsräume, Waschfässer und anderes mehr. Am wöchentlichen Waschtag bleibt eine dritte Arbeitskraft zu Haus. Wer von der Draußenarbeit kommt, findet die saubere, warme Stube, den gedeckten Tisch.

Im Winter bleibt viel freie Zeit für den Unterricht, den die landwirtschaftliche Haushaltlehrerin erteilt, im Sommer tritt die Wissenschaft zurück; Näh-, Flick- und Schneidertag und einige Lehrstunden bleiben aber auch in der Sommerzeit bestehen. Fräulein Elisabeth Lange hatte recht, das Heim war einfach, sehr einfach, die ganze Sache von verblüffender Einfachheit. Doch schien mir das kein Fehler.

Wir wanderten nun die Viertelstunde nach Brodelwitz hinüber, wo Kriegskaffee und Kriegsgebäck uns unter alten Linden erwarteten. Der Gutsherr dient dem Vaterlande im grauen Rock, die Gutsfrau, Fräulein Langes Schwester, dient ihm in jedem Kleid, als Hausfrau, Mutter, Gutsherrin, Lehrerin und Erzieherin.

Im wohlangebauten Gutsgarten trafen wir einen Teil der Mädchen beim Spargelstechen, Lehrerin und alter Gärtner dabei. Nun sah ich die Mädels in der Nähe. Wo kamen sie her? Meist Stadtkinder aus Breslau. Fräulein Lange, die als Schulleiterin dort viel Vertrauen genießt, machte eine Anzeige in der Presse, und über hundert kamen. Die ersten zwanzig wurden darunter ausgesucht, sie sind nicht alle geblieben, die einen schickte man weg, die andern gingen, doch heute, nach Jahresfrist, sind noch die Hälfte „alter Bestand". Das ist sehr viel. Hauptsächlich hat der kriegsgeprüfte, kleine Bürgerstand seine Töchter geschickt: kleine Beamte, Lehrer, Näherinnen, Eisenbahner, Witfrauen. Denkt doch: in dieser schweren Zeit ein Kind unentgeltlich auf dem Lande versorgt zu wissen, zwei Jahre lang versorgt; eine Lehre in allen häuslichen Frauenarbeiten, eine unentgeltliche Lehre, ja, noch ein Monatsgeld von sechs Mark für jedes Mädchen, von zwölf Mark für jede Führerin[1]), um kleine Ausgaben für Briefe, Fahrten und anderes zu bestreiten. Wo findet sich das so bald wieder? Die Fabrikarbeiterin „verdient" wohl in bar mehr, hat aber ihren ganzen Unterhalt zu bestreiten, und was sie lernt, ist meist Teilarbeit, die sie weder im Häuslichen noch im Außerhäuslichen zu einer geschulten Arbeitskraft macht. Und die Gesundheit? Sie pflegt in der Fabrik nicht zu gedeihen. Das kleine Dienstmädchen aber, das vollen Unterhalt bekommt und noch einen Barlohn dazu (der sechs Mark monatlich übersteigt), das kleine Dienstmädchen wird meist nicht so planvoll ausgebildet wie in Raudten, hat weniger Unterrichts- und Freizeit und nicht die gesundheitfördernde Landarbeit.

„Ich bin", sagte Frau Teichmann, „zehn Jahre städtische Lehrerin in Breslau gewesen, ehe ich nach Brodelwitz heiratete, ich habe das städtische Elend kennen gelernt. Darum will ich's bekämpfen, an der Wurzel bekämpfen."

Die sonnengebräunten Mädel, die hier Spargel stachen, waren gar bleich und stadtsüchtig herausgekommen. Die meisten haben Volksschulbildung, eine hat Lyzealbildung. Eine Handlungsgehilfin, der Fräulein Lange dringend abriet, ließ sich nicht hemmen: „Ich will aufs Land, will gesund werden." Sie wird

[1]) Diese Monatsgelder steigen.

gesund. Andere galten als entschieden schwach begabt, waren darum in den Ecken herumgepuffte Packeselein geworden. Vor Gottes Natur aber bestehen sie die Prüfung, finden sie Sprache, Heiterkeit und Lebensfreude wieder. Da, wo alles natürlich ist und seinen stillen Entwicklungsgang geht, sind sie nicht zu schwach begabt. Sie spielen auch mit Theater, haben oft ganz besondere Hausgaben, sind z. B. treffliche Kuchenbäckerinnen (jeder Geburtstag wird gefeiert). Ja, eine, die anfangs kein Wort sprach, kam, nachdem sie drei Tage „wie ein Feldherr" an der Flachsklapper stand (was ein wildes Geschetter bedeutet) und dort ihr verdientes Lob erntete, als ein fröhlicher Mensch vom Schüttboden, wo Land- und Hausarbeit und freundliche Erzieher dieses Wunder wirkten.

Und wie kommt das Gut dabei auf seine Rechnung? (Denn Raudten ist keine Wohltätigkeitsanstalt, es erhält sich selbst.) Nun, die Arbeit, die die zwanzig deutschen Mädchen machen, wurde früher von Galizierinnen gemacht. „Was die Galizierin mir leistet," sagte Frau Teichmann mir auf einer Fahrt über die Felder, „das leisten mir die deutschen Mädchen nach der ersten Eingewöhnung auch. Ja, sie leisten mir auf die Dauer mehr, sie sind gewissenhafter." Den Kleinen, Vierzehn-, Fünfzehnjährigen, die zum Anfangen die geeignetsten, aber doch noch nicht volle Arbeitskräfte sind, den Kleinen zahlt das Gut 1,50 Mark täglich, den Stärkeren 1,80 Mark. Das muß ich den Ausländerinnen auch mindestens geben und dazu volle Verpflegung, die jetzt sehr ins Gewicht fällt, während ich dem Heim nur freie Wohnung, Kartoffeln und Gemüse liefere."

„Ja, wovon lebt das Heim denn?"

„Von dem Arbeitsverdienst der Mädchen, der auch noch die Taschengelder bestreitet. Ich zahle die Tagelöhne, die zwischen 30 und 36 Mark täglich ergeben (je nach Zahl der Mädchen und

Länge des Arbeitstages) an die Hausmutter, die davon Nahrung, Feuerung, Heizung, Waschmittel, Versicherung, Gehälter, Taschengeld zu bestreiten hat. Der Krieg hat natürlich alles verteuert. Könnte ich, wie ich wollte, ich baute gleich ein zweites Heim für nochmal 25 Mädchen; ich kann sie alle brauchen. Aber es geht nicht, Bauen und Einrichtung und Arbeitskleidung (die wir liefern), alles ist zu teuer geworden. Ich muß warten," aber in den leuchtenden Augen der zierlichen Frau glänzte die Tatkraft.

Wir fuhren an einem großen Flachsfeld lang, wo Schulkinder, die täglich 0,75 Mark erhalten, gegen die Disteln ankämpften. „Solche Arbeit gibt es immer; unsere Felder schreien nach Arbeitskräften, die Steine absammeln, Disteln hacken, Rüben verziehen, beim Heuen helfen, bei der Kartoffel- und Rübenernte. Im Winter ist genug auf dem Schüttboden zu tun; da steht besagte Flachsklapper, wird das Saatgut hergerichtet, werden Säcke geflickt; auch Holz haben die Mädel abgeladen. Um Arbeit sind wir nie verlegen. Diese leichte Feldarbeit können die Mädchen leisten, das deutsche Geld bleibt im Lande, wir hängen nicht ab vom Ausland, und die deutschen Mädchen, zukünftige Mütter, erwerben sich eine Gesundheit, die die Stadt ihnen nie geben kann. Denn bei diesen Arbeiten stärkt die Frau alle Organe, die sie als Mutter braucht, bekommt starken Rücken, breites Becken, das gibt leichte Geburten. Wie steht es denn in der Stadt damit? Beim ersten Kind Jammer und Todesqual, in die Klinik und sehr begreifliches Grauen vor der Wiederholung."

In einer stillen Nachmittagstunde sah ich die Hefte der Mädchen durch. Koch- und Haushaltlehre, Erziehungs- und Gesundheitslehre sollte ich dort finden. Ich fürchtete die übliche Überfütterung und Wortweisheit. Beruhigt aber legte ich die Hefte aus der Hand; dies war handliches Wissen, verarbeitet, ordentlich zerkleinert, selbst erworben. „Ich gebe ihnen nur, was sie bewältigen können," sagte die blonde, braun gesonnte Lehrerin, die übrigens auch eine Breslauerin aus angesehener Familie ist. Sie wohnt im Gutshause, und ihr Gehalt trägt das Gut, für 20 Arbeiterinnen müßte ja auch eine Aufsicht gehalten werden.

Im Herbst 1916 begann das Heim, und der harte Winter war für Stadtmädchen das Empfindlichste, sie sind nicht von klein auf gewöhnt, gegen Wind und Wetter zu kämpfen wie das Landkind. Manche litten zuerst sehr darunter, auch auf dem Schüttboden war es so kalt, daß halbstündlich Ablösung erfolgte, das aber machte wieder Spaß. Und Spaß sollen sie haben, daher wird zu jedem hohen Fest eine Aufführung gemacht, die Vorbereitungen füllen das Vierteljahr mit Anregung, beschäftigen die Gemüter, wecken schlummernde Gaben. Nachdem einige ungeeignete Mädchen entfernt, andere wegen oft sehr geringer Anlässe gegangen oder durch die Eltern fortgenommen, sind die übrigen verträglich, zufrieden, leicht lenkbar und erblühen zu Gesundheit.

„Zweiundvierzig Kartoffeln auf einmal zu verspeisen," sagte Frau Teichmann, „das ist heute freilich auch auf dem Lande nicht möglich. Daher ging eines der Mädchen. Sie kamen eben ausgehungert her, und wie es törichte Kinder gibt, gibt es auch törichte Eltern. Heute besteht gegenseitig Vertrauen, und wird ein Platz frei, um Nachschub sind wir nicht besorgt."

In einer stillen Abendstunde, nach dem sehr langen, mühevollen Arbeitstag der Gutsfrau, auf einem Gang durch Wald und Pferdekoppeln kam dann das Tiefste zur Sprache. Der Bund für Frauendienstpflicht hat diesen ersten, praktischen Versuch beschlossen und mit Mitteln für solche Anschaffungen unterstützt, die der Lehrbetrieb erfordert. Alles andere stellte das Gut, just so, wie auch für andere Arbeitskräfte. Zwei Jahre währt der Lehrgang, grundsätzlich von 14 bis 16 Jahren. Das Ziel ist: von 14 bis 16 Jahren die deutschen Stadtmädchen aufs Land bringen, die Landmädchen auf dem Lande halten. Verbot der Fabrikarbeit; Dienstpflicht, ein Sichfügen und Aushaltenmüssen, ganze Arbeit, gründliche Arbeit. Das Land dadurch mit den nötigen Kräften versehen, unser Geld dem Lande erhalten, das deutsche Mädchen mit einer starken Gesundheit und Frauenschulung ausgerüstet, zu Mutterfreudigkeit und Gemeinsinn, völkischer Treue erzogen. Ist das nicht großer Mühen wert? Denn die Gutsfrau, die das übernimmt, hat Mühe und Last davon.

„Das einzige, was uns in Raudten fehlt," sagte Frau Teichmann, „ist der Zwang für die Mädchen, auszuhalten. Wollen sie nicht bleiben, wir können sie nicht halten, und dadurch lernen sie dann eben nicht, was jeder tüchtige Mensch lernen muß, sich zusammenreißen, Hindernisse überwinden, keine Aufgabe unvollendet lassen. Der Mann lernt das beim Militär. Lernt die deutsche Frau es nicht durch Dienstpflicht, so erreicht unser Volk niemals die Höhe seiner Entwicklung, Leistung und Kraft."

Wir waren unter einer alten Eiche angelangt, da fragte ich endlich: „Und wie kamen gerade Sie dazu, dies Werk zu übernehmen?"

„Mein Mann sagte: einer muß anfangen, tu du's."

Und so entstand in schwerster Zeit, bei sehr ungünstigen Bedingungen das Jungmädchenheim in Raudten. Es ist von verblüffender Einfachheit, auf Heimatboden mit heimischen Kräften geschaffen, dem Heimatwohle dienend; Schlesier haben zugegriffen, machten dem Gerede durch die Tat ein Ende. Nach Schlesien eilte vor hundert Jahren Deutschlands männliche Jugend zum Freiwilligenheer, dem die Scharnhorstsche Wehrordnung den Grund gegeben.

Als beim Abschied die Gutsfrau und ihr Jüngster mir nachwinkten, wußte ich genau: Raudten mit Dienstpflicht ist die Scharnhorstsche Wehrordnung für Deutschlands Frauen. Wer folgt nach? („Der Tag", 2. 10. 1917.)

Seitdem ist die Schlesische Landgesellschaft in Verbindung mit dem Bund für Frauendienstpflicht nachgefolgt, und das zweite Jungmädchenheim ist in Goldschmieden bei Breslau gegründet.

Eine Reihe Behörden — Unterrichtsministerium, Kriegsamt, Kriegswirtschaftsämter, Landwirtschaftskammern u. a. — werden auf die Bestrebungen aufmerksam. Man sucht geeignete Güter, die den Anfang machen wollen. Neue Gründungen sind im Werden.

Sehr wichtig, vielleicht ausschlaggebend ist die zweijährige Dienstpflicht, weil in 2 Jahren die der Landarbeit ungewohnten Stadtkinder (die ja aber nur einen Teil der Jungmädchen bilden würden) sich zu wertvollen Arbeitskräften entwickeln, wertschaffende Arbeit leisten und den Betrieben (Domänen, Gütern, Siedlungsgesellschaften, Gärtnereien usw.) die an die staatlichen Heime gezahlten Löhne auch einbringen.

Der Versuch in Raudten-Brodelwitz nun gestattet uns zu sagen: Durch die Frauendienstpficht wird der ärgsten Not der deutschen Landwirtschaft zur Zeit gesteuert; sie kann diese leichten Arbeitskräfte aber immer brauchen. Die Anstalten erhalten sich daher z. T. selbst. Der Staat hätte zu geben: Boden für das Heim, Bau, Einrichtung, Gehalt der landwirtschaftlichen Haushalts- und Turnlehrerin, bei größeren Anstalten der Leiterin. Die Heranziehung der Gemeindeschwester zur Unterweisung in der Säuglingspflege, die des Arztes zur Unterweisung in der Krankenpflege (beides im Winter, der arbeitsfreieren Zeit) die Näherin würden nur geringen Aufwand erfordern.

Die wertschaffende Arbeit der Jungmädchen aber entlastet den Staat von den größten Ausgaben, denen des Unterhalts, die sonst mit der Frauendienstpflicht verbunden wären.

Der Plan ist aber nur auf dem Lande durchzuführen. Und da trifft er sich mit mehreren ähnlichen Bestrebungen.

Nach den furchtbaren Opfern des Krieges müssen wir unser Volk auch zahlenmäßig wieder aufbauen. Wenn wir nicht eine bestimmte Masse bilden, sind unsere Tage gezählt. Wir erleiden den Druck des ganzen Weltteils, ja der ganzen Welt und müssen ihm widerstehen können. „Auf uns ruht die Last Europas," sagte Friedrich der Große, und diese unsere gefahrvolle Erdlage wird sich niemals ändern. Wir sind aber auch das einzige große und wehrhafte Germanenvolk. Mit uns steht und fällt das Germanentum. Die Engländer wurden abtrünnig; die Schweden, Dänen und Norweger, die Niederländer, Deutschschweizer und Deutschösterreicher sind jeder zu wenig zahlreich und zu wenig wehrhaft; sie schaffen's nicht allein. Und so sind wir das einzige große, wehrhafte Germanenvolk. Wir müssen erhalten bleiben.

Deshalb hinaus aufs Land; vor 1870/71 waren wir noch überwiegend ein Landvolk, mehr als 50 von 100 Deutschen wohnten auf dem Lande und bebauten es. Das muß wieder so werden, auch deshalb brauchen wir Land, Siedlungsland. Denn die Stadt verzehrt ein Volk; nur durch Zuzug vom Lande kann sie sich erneuern. Andererseits aber sagt man, daß jeder Städter gar 2 Menschen auf dem Lande braucht, die ihm seine Nahrung bauen.

Wir müssen also ganz allgemein wieder aufs Land. Unsere Jungmädchen ganz besonders. Auf denen liegt die große Mutterleistung der Zukunft. Von schwachen, kranken Frauen kann die weder gefordert, noch vollbracht werden. Ein Jahr Landaufenthalt, vielleicht zwei Jahre, wie in Raudten, gäbe uns das Frauengeschlecht, das wir brauchen: stark, stolz und kühn, geschult, beherrscht und freudig.

Die Jungmädchenheime brächten aber auch dem Lande etwas: sie bahnten die soziale Bearbeitung der Landgemeinde an, die unerläßlich ist und von verschiedenen Seiten gefordert wird. Als ich 1910, in Voraussicht des Weltkriegs, Paris verließ, habe ich 4 Jahre, bis Kriegsausbruch, in einer deutschen Landgemeinde gelebt. Dort wurde mir folgendes klar: die Landgemeinde ist meist rückständig, weil sie an Bildungsgelegenheit, sozialer Fürsorge, geistiger Anregung verkürzt wird.

Die Stadt ist übersättigt, das Land geht leer aus. Daher in der Landgemeinde ein Gefühl der Leere, der Vernachlässigung, daher das Streben nach der Stadt und ihren Freuden. Den Abwandernden aber fehlt meist jede Vorbereitung und Beratung; die soziale Fürsorge ist in der Landgemeinde oft sehr gering, besonders für die Jugend. Die sozialen Fragen sind aber nur noch auf dem Lande löslich. Stürmen die jungen, ungeschulten, unbeherrschten Menschen erst in die Mittel- und Großstadt, so lassen die sozialen Verwicklungen sich dort nicht mehr lösen, und die städtische Fürsorge besteht meist darin, den Brunnen zuzudecken, wenn das Kind hineingefallen. Bei Lösung der sozialen Probleme spannten wir bisher die Pferde hinter den Wagen. Nicht in der Stadt heißt es anfangen, sondern auf dem Lande. Aufs Land gehören nicht Lehrer, Pfleger und Erzieher, die sich dort enterbt vorkommen, sondern die Besten, die sich klar darüber sind, daß von der Gründlichkeit und Güte ihrer Arbeit die Lösbarkeit der sozialen Fragen, die Zukunft Deutschlands abhängt.

Werden 20000 Jungmädchenheime mit sozial geschulten Erziehern über die deutschen Landgemeinden verteilt, so entstehen 20000 Brennpunkte geistig-sozialen Lebens, vaterländischer Fürsorge. Damit läßt sich etwas anfangen, wenn auch die soziale Durchdringung der Landgemeinde nur schrittweise geschehen wird. Dafür ist es das Land, das keine Sprungentwicklung kennt, sich aber mit der Zeit dem Beispiel der praktischen Tatsachen bedächtig prüfend fügt.

In gleicher Richtung geht die Anregung des Geheimen Admiralitätsrats Felisch (Berlin), der Errichtung eines Jugendamts in jeder deutschen Gemeinde, also auch den Landgemeinden, fordert. Gleiche Wege wandelt seine Forderung der Berufsberatung, die bisher ganz städtisch, dem Lande bitter nottut [1]). Die geschulte Jugendpflegerin neben der Gemeindeschwester in der Landgemeinde ist für Deutschlands Wiederaufbau unbedingt vonnöten.

Erwähnen möchte ich auch noch den Plan von Frau Geheimrat Heßberger [2]). Sie ist die Vorsitzende der Ortsgruppe Berlin des Katholischen Frauenbundes. Sie fordert, daß die ländliche Jugend von 14 bis 16 Jahren dem Land erhalten bleibt, die Freizügigkeit für diese Zeit aufgehoben wird; um der Jugend und um des Landes willen. Letzteres soll die Verzinsung seiner Schullasten genießen, wenn ihm die jugendlichen Arbeitskräfte 2 Jahre erhalten bleiben, ehe sie in die Stadt und Industrie abwandern; erstere soll älter, reifer, kräftiger, widerstandsfähiger werden, ehe sie ins städtische Leben und Erwerbsleben tritt, auch sozial beraten sein, wenn sie dies tut.

---

[1]) Siehe Felisch: Ein deutsches Jugendgesetz und Neuordnung der Menschenliebe. Mittler, Berlin.

[2]) Siehe Mitteilungen der Deutschen Gesellschaft für Bevölkerungspolitik. März—August 1917.

Für die ländlichen Dienstboten fordert Frau Heßberger, daß sie mit 16 Jahren für die Stadt nur ein Dienstbuch als ländliche Arbeiterin erhalten, so daß die städtische Hausfrau weiß, sie mietet eine ganz ungeschulte Kraft. Während des ersten Dienstjahrs in der Stadt besucht das Landmädchen die Dienstbotenschule, erhält dann sein Dienstbuch als Dienstbote und kann sich nun auf der Fachschule weiterbilden als Köchin, Jungfer usw.

Wird die Frauendienstpflicht durchgeführt, so ergibt sich das Verbleiben der weiblichen Landjugend auf dem Lande für 1 oder 2 Jahre von selbst. Gleichzeitig wird dann in den Jungmädchenheimen aber auch eine häusliche Schulung gewonnen und eine Aussicht auf geordnete Dienstbotenverhältnisse eröffnet, die einige der Herßbergerschen Forderungen erfüllt.

Die Fragen der Frauendienstpflicht und deutschen Erziehung, sowie der Sozialisierung der Landgemeinde habe ich seit Kriegsausbruch in zwei Denkschriften an das Preußische Kultusministerium und in mehreren Vorträgen behandelt [1]. Das alles hat stets etwas „lehrhaften" Charakter. Ich weise deshalb mit besonderer Freude auf das Jungmädchenjahr [2]) von Frau L. Volbehr hin, das den Gedanken in erzählender Form gestaltet hat. Hier wird der Plan lebendig, mit großer Anschaulichkeit und Einbildungskraft ist Freud und Leid der Frauendienstzeit für eine Gruppe junger Mädchen geschildert, die Reichsgräfin und die Verkäuferin, die Studentin und die Näherin. Manch eine

---

[1]) Denkschrift I: Die nationalen Schäden der deutschen Einwanderung in Paris. 1915.

Denkschrift II: Deutsche Erziehung und feindliches Ausland. 1917.

Frauendienstjahr. Vortrag. Frauenpresse. Berlin 1915. (Vergriffen.)

Völkische Frauenpflichten. 4 Vorträge, gehalten im Auftrag des Vereins für das Deutschtum im Ausland. Augustin & Co. Charlottenburg 1917.

[2]) Zu beziehen durch die Verfasserin. Magdeburg, Goethestr. 8.

von ihnen „kapituliert", d. h. sie bleibt als Lehrkraft für die neuen Rekruten, und packend geht der Gedanke: Allgemeinwohl, Landesdienst durch die junge Schar. Dies ist ein Werbebuch für die Nächstbeteiligten, die deutschen Jungmädchen selbst.

Die Frauendienstzeit würde uns also der Lösbarkeit aller sozialen Fragen näherbringen; würde den unerläßlichen Dienst an der Landwirtschaft bedeuten, die bittre Not leidet: die Männer sind ihr meist genommen, die fremden Kriegsgefangenen werden ihrerzeit gehen; fremde Wanderarbeiter werden vielleicht nicht wiederkommen, es ist auch nicht erwünscht, von ihnen für unsere Ernährung, d. h. unser Wirtschaftsdasein, abzuhängen [1]). Die Landwirtschaft, d. h. Deutschland, befindet sich zur Zeit in einer schreienden Notlage, was sie jetzt an Arbeitskräften durch die Landwirtschaftskammern erhält, ist großenteils arbeitsscheue, körperlich wenig taugliche Städterschaft, die heute ihr Deputat einstreicht und morgen verschwunden ist.

Die leichten 14- bis 16jährigen Arbeitskräfte, heute schon der Landwirtschaft hoch willkommen, sind ihr aber dauernd erwünscht. Stellt sie sie heute aus Mangel an Händen mit zum Dreschen an (die Jungmädchen in Brodelwitz werfen z. B. die Garben in die Dreschmaschine), so hat sie auch später dauernd Arbeit für sie. Weshalb denn gehen unsre Ernteerträge stetig zurück? Aus Mangel an sorgfältiger Bestellung, an Dünger? Gewiß, jedoch auch weil der Landwirt seine Kulturpflanzen nicht mehr, wie im Frieden,

---

[1]) Wenn unser deutsches Volk sich an der Wurzel slawisiert, d. h. seine ländliche und gewerbliche Schwerarbeit endgültig von Fremdstämmigen besorgen läßt, dann ist sein Untergang da. Denn der besitzlose oder besitzarme Arbeiterstand der Stadt und vor allem auf dem Lande ist der vorwiegend bevölkernde Stand; machen wir den nicht wieder deutsch, an Leib und Geist, so wird Deutschland ein Name, ein erdkundlicher Begriff, bleibt aber keine völkische Wirklichkeit. — Siedlung und Frauendienstpflicht müssen hier dämmen.

pflegen kann. Die Pflege der Kulturpflanzen (Reinigen Hacken) liegt heute so im Argen, weil keine Hände dafür da sind. Die Jungmädchenhände stehen aber dafür bereit. Der reiche Ernteertrag, das Gold wird wörtlich „aus dem Boden herausgehackt". Diese Arbeit ist stets zu tun. Dafür gibt es nie genug Hände.

So wird die Landwirtschaft wieder aufgebaut und mit ihr die Volkskraft. Auch die Gesundheit hackt und gräbt man sich aus der Erde heraus. Dieser Wiederaufbau der Volks- und Wehrkraft ist für die Heeresleitung von höchstem Belang. Sie weiß, daß ihre meisten und besten Rekruten aus rein ländlichen und ländlichen Schwerindustrie-Bezirken kommen. Sie hat also allen Grund, die Frauendienstpflicht zu fördern. Denn, ich wiederhole es, nur von starken Frauen ist unser völkischer Wiederaufbau zu leisten. Das Leben der deutschen Hausfrau wird nach dem Kriege nicht leicht sein. Auch bei einem günstigen Frieden nicht. Nahrungsknappheit und Teuerung bleiben noch lange bestehen; es wird schwer sein, zu wirtschaften, schwer, nicht für den hochentlohnten Arbeiter, wohl aber für den Geringentlohnten, den Festbesoldeten, den gebildeten Mittelstand, die freien Berufe. Die Hausfrau muß ihr Fach können, will sie die Ihren auf der sozialen Stufe halten. Dienstboten werden sich viele Mittelstandsfamilien nicht mehr leisten können. Die Hausfrau muß ihr eigner Dienstbote sein. — Um dem Steuerdruck, der Teuerung zu begegnen, wird die Frauenberufsarbeit außer dem Hause zunehmen. Außerhäusliche Frauenberufsarbeit aber vermindert in den mittleren Schichten den Wunsch nach Mutterschaft.

Wie kann der Staat unter diesem wirtschaftlichen Druck hohe Mutterleistungen von seinen Frauen fordern, wenn er nicht gleichzeitig durch den staatlichen Aufwand und die staatliche Fürsorge des Frauendienstjahrs die Kräfte und das Können schafft, diese schweren Hemmungen zu überwinden?

Ohne Frauendienstpflicht geht es einfach nicht.

Was spricht dagegen? Eine Anzahl gesellschaftlicher Vorurteile, die wir, weil sie armselig sind, nicht weiter zu beleuchten brauchen. Einige Einwände gegen die Dienstpflicht studierender Frauen, die sich beheben lassen, wie bei den studierenden Männern.

Gewichtiger sind die Belange des deutschen Großgewerbes: es pflegte sich aus den 575 000 entlassenen Volksschülerinnen einzudecken, bezog seine Arbeitskräfte daher. Andererseits war die Arbeiterfamilie gewöhnt, auf den Mitverdienst der Schulentlassenen, besonders der Mädchen, die ja seltener in die Lehre kamen, zu rechnen.

Beiden stellt sich die Frauendienstpflicht entgegen. Wird sie durchgeführt, so hat die Industrie bei Einführung der Dienstpflicht ein oder zwei Jahre diese jugendlichen Arbeitskräfte zu entbehren. Nach dieser Übergangszeit aber strömen die Jugendlichen ihr wieder zu. Es sind dann durch Landleben und Frauendienstpflicht gekräftigte wertvollere Arbeitskräfte geworden, älter, reifer, geschulter, körperlich leistungsfähiger. Landwirtschaft und Großgewerbe treten damit in lebendige Wechselwirkung. Ein Teil der Dienstpflichtigen aber bleibt sicher auf dem Lande.

Da nach dem Krieg unser Großgewerbe sich nicht gleich wieder auf dem Punkt vom August 1914 befinden, sondern vorerst magere Zeit haben wird, kann es in jenen ersten Jahren das Angebot der Schulentlassenen am leichtesten entbehren, — der Versuch wäre günstig angesetzt.

Und nun das Mitverdienen der Schulentlassenen, darf das weitergehen wie vor dem Kriege? Nein. Aus dieser Quelle strömte ja die häusliche Unfähigkeit der Arbeiterfrau. Wenn die Mehrzahl der späteren deutschen Hausfrauen ihren Hausberuf nicht lernt, so kann sie auch darin nicht bestehen. Versteht die Frau des Volks nicht zu kochen, so beginnt die Zerbröckelung der Arbeiterfamilie. Jahraus jahrein kalter Aufschnitt, Brot, Kaffee, Bier, Kartoffeln sind keine geeignete Nahrung für arbeitende Eltern, werdende Mütter, heranwachsende Kinder. Selbst die Dienstboten, die in reichen Häusern kochen lernen, lernen dort noch nicht für ihre späteren Lebensverhältnisse wirtschaften.

Körperlich schwache Mütter des Volks, unbeherrschte Mütter ohne Haltung sind auch ihren Erziehungsaufgaben nicht gewachsen. Sie lernten weder gehorchen noch befehlen, weder Beruf noch Landesdienst. Werden die aber ein oder zwei Jahre mit Zucht und Liebe auf dem Lande geschult, so ist der sichere Grund zur Neugeburt des deutschen Volks gelegt.

Dies ist wichtiger als Mitverdienen und Großgewerbe. Ein deutscher Schriftsteller faßte das kürzlich in den Satz: „Das Ausfuhrgeschäft in Ehren, aber wichtiger ist die Erhaltung des Volksmarks."

Der schnellen Einführung (vorerst ohne allgemeinen Zwang), der schnellen Einführung der Frauendienstpflicht nützt der Umstand, daß die Landwirtschaft nach Händen schreit, und die Industrie sich zur Übergangswirtschaft vorbereitet, d. h. die Rüstungsgewerbe bauen mit Kriegsschluß ab, die Krieger kehren heim, und das Kriegsamt fragt sich: Wohin mit den nach Hunderttausenden zählenden Jugendlichen, die an ganz anormale Lohn- und Arbeitsbedingungen gewöhnt, plötzlich brotlos sein werden? Hier liegt eine soziale Gefahr, die das Kriegsamt zu dämmen hat.

Wie im Drama des Mittelalters der Mensch zwischen Hölle, Fegefeuer und Himmel steht, so, ohne den Vergleich ganz wörtlich zu nehmen, die deutsche Jugend zwischen Großgewerbe, Landwirtschaft und ihrem Hausfrauen- und Mutterberuf. Zu letzterem und dem darin ruhenden Landes-, Volks- und Staatsdienst muß sie erzogen werden, denn wir sind das einzige große Germanenvolk.

Wer erzieht sie?

Das Großgewerbe? Nein.

Die Landwirtschaft? Ja.

Also vertrauen wir Deutschlands weibliche Jugend in erster Linie Mutter Erde. Die soll sie stark, fest und stolz machen. Gereift und geschult kehrt sie dann in das Großgewerbe, die Stadt zurück.

Die deutsche Jugend ist unser kostbarstes Gut, unsre höchste Valuta. Sie geht allem andern vor. Die Zukunft fordert starke, stolze und kühne deutsche Frauen, fordert die Anspannung jedes Muskels, die Ausnützung jeder Fähigkeit. Ohne Frauendienstpflicht erreicht unser Volk niemals die Höhe seiner Entwicklung, Leistung, Kraft, denn „Zucht ist Herrschaft".

Tagesplan eines Jungmädchenheims.

5½ Uhr	Aufstehen.
6 Uhr	Frühstück.
6½—11½ Uhr	wertschaffende Arbeit in Haus, Garten, Feld; davon ½ Stunde Frühstückpause.
12—2 Uhr	Mittagpause.
2½—7½ Uhr	teils wertschaffende Arbeit, teils Unterricht; ½ Stunde Vesperpause.
8 Uhr	Abendbrot.
8½—5½ Uhr	Nachtruhe.

Monatlicher Haushaltsplan eines Gutsheims.

Verpflegung, bestritten aus dem Arbeitsverdienst (bei täglich 200 Arbeitsstunden zu 0,15 = 30 Mk. Tageseinnahme) monatlich 26 × 30		780 Mk.
Wohnung	Zu Lasten des Guts.	—
Beleuchtung	Zu Lasten des Guts.	—
Heizung	Zu Lasten des Guts.	—
Waschmittel	Zu Lasten des Guts.	—
Deputat (Kartoffeln, Herdfeuerung)	Zu Lasten des Guts.	—
Mindesttaschengelder (für 20 bis 30 Jungmädchen)	Zu Lasten des Guts.	144=216 Mk.
Versicherungen der Mädchen . .	Zu Lasten des Guts.	—
Gehalt und Versicherung der Hausmutter	Zu Lasten des Guts.	40 Mk. +?
Gehalt der Näherin	Zu Lasten des Guts.	12 Mk.
Gehalt, Unterhalt und Versicherung der Haushaltslehrerin .	Zu Lasten des Guts.	75 Mk. +?

Innen- und Außenarbeit muß gleich gewertet und bezahlt werden, um Unterschätzung der Hausarbeit zu verhüten; fehlte die häusliche Werte schaffende Arbeit der Jungmädchen, so müßte das Heim einen Dienstboten halten.

Der Stundensatz von 0,15 ist der niedrigste. Brodelwitz bestreitet davon mehr als nur die Verpflegung, doch ist es besser, sehr vorsichtig zu schätzen.

Für ein Gut, das zugleich Heimverwaltung und Arbeitgeber ist, kommt es rechnerisch ja auf dasselbe heraus, ob es bei niedrigem Stundenlohn höheren Zuschuß leistet oder bei höherem

Stundenlohn niedrigeren Zuschuß. Anders liegt die Sache, wenn die Heime staatlich, der Staat aber nicht der Arbeitgeber ist. Dann ist in obigem Haushaltplan das Taschengeld der Jungmädchen vom Arbeitsverdienst mitzubestreiten und der Staat um diese Summe zu entlasten.

Die Verpflegung der Hausmutter läßt sich stets mit herauswirtschaften.

Stimmen und Richtlinien

des Auslandsbundes Deutscher Frauen

Herausgegeben vom

Provinzialverband Rheinland

Preis M. 1.—, mit Teuerungszuschlag M. 1.10

Wohl niemals ist vom Auslanddeutschtum so viel geredet worden als während des Weltkrieges. Nicht immer ist man sich klar über die eigentliche Bedeutung des Auslanddeutschtums für das Mutterland, für die alte Heimat Deutschland Noch viel weniger sind sich die Deutschen der Aufgaben bewußt, welche sie draußen im Dienste ihrer Nation zu erfüllen haben — ganz besonders gilt dies von den Frauen. Und nicht bloß die deutschen Frauen draußen haben solche Pflichten, sondern auch diejenigen, die daheim geblieben sind. Diese Pflichten zu beleuchten und Anregungen zu geben, hat sich der Auslandsbund Deutscher Frauen, der nunmehr drei Jahre besteht, zur Aufgabe gemacht, indem er durch seinen Provinzialverband Rheinland die „Stimmen und Richtlinien" herausgab — wohl geeignet, seinen Bestrebungen neue Kräfte zu gewinnen.

Mannigfach sind die in der Broschüre geschilderten Aufgaben. So z. B. die Notwendigkeit der Erziehung der weiblichen Jugend für den Auslandsgedanken, d. h. für die deutschen Aufgaben in der Welt. Es werden Richtlinien gegeben für das Verhalten der deutschen Frauen draußen. Die „Aufgabe der deutschen Frau im Inland", „die deutsche Frau als Kulturträgerin" wird gezeichnet und besonders auch „die Aufgabe der deutschen Frau in England". Spezielle, soziale und politische Fragen werden behandelt, so die au pair-Stellen in Frankreich, die Beziehungen der Frauen zur Auslandspolitik. Es folgt ferner eine zusammenfassende Darstellung des „Auslandsbundes Deutscher Frauen" und eine spezielle Charakteristik über den „Stil der Dame". Alle diese Aufsätze stammen aus der Feder berufener Persönlichkeiten, wie Dr. Gertrud Bäumer, Grete Litzmann, L. Nießen-Deiters, Frieda Fischer, M. Treuge, M. L. Becker, Prof. Dr. Schröer, Geh. Rat Prof. Dr. Eckert, Prof. L. v. Wiese. — Den deutschen Frauen, die ernstlich ihrem Lande dienen wollen, kann diese Schrift nicht warm genug empfohlen werden.

Otto Wigand'sche Buchdruckerei G. m. b. H., Leipzig.

Deutsche Kriegsschriften
29. Heft

Frauendienstpflicht

Von

Dr. Kaethe Schirmacher

A. Marcus & E. Webers Verlag (Dr. jur. Albert Ahn) in Bonn

FSC
www.fsc.org
MIX
Papier | Fördert
gute Waldnutzung
FSC® C083411

Kolibri 360 GmbH
Ferdinand-Jühlke-Straße 7
99095 Erfurt, Deutschland
produktsicherheit@kolibri360.de